Jutta Fuchs-Häberle
Wenn die Seele friert

Jutta Fuchs-Häberle

Wenn die Seele friert

Texte, die das Leben schrieb

Lyrik

Bibliografische Information Der Deutschen Bibliothek
Die Deutsche Bibliothek verzeichnet diese Publikation
in der Deutschen Nationalbibliografie;
detaillierte bibliografische Daten sind im Internet über
http://dnb.ddb.de abrufbar

Bibliographic information published by
Die Deutsche Bibliothek
Die Deutsche Bibliothek lists this publication in the
Deutsche Nationalbibliografie;
Detailed bibliographic data
are available in the Internet at http://dnb.ddb.de

Jutta Fuchs-Häberle – Wenn die Seele friert
2. Auflage
ISBN –13: 978-3-8334 –9783-4
© Copyright 2006. Alle Rechte beim Autor.
Printed in Germany 2007

Herstellung und Verlag:

Books on Demand GmbH
Norderstedt

Mein Dank gilt allen, die mir zum Schreiben dieses Buches
Mut gemacht haben
und
die mich tatkräftig dabei unterstützt haben

Inhalt

Wenn die Seele friert

Wenn die Seele friert,
wärmt kein Mantel und nicht tausend Decken.

Wenn die Seele friert,
kriecht die Kälte in jede Ritze deines Seins.

Wenn die Seele friert,
zieht sich das Herz vor Frost zusammen.

Wenn die Seele friert,
spürst du den kalten Schmerz auf deiner ganzen Haut.

Wenn die Seele friert,
sind auch deine Tränen aus Eis.

Wenn die Seele friert,
verliert selbst der Tod seine kalte Hand,

denn nichts fühlt sich so kalt an,
wie eine Seele, die friert.

Eine Seele, die friert,
wärmt kein Mantel und nicht tausend Decken.

Eine Seele, die friert,

braucht keinen Mantel und keine Decken.

Eine Seele, die friert,
braucht überhaupt nicht viel.

Eine Seele, die friert,
braucht nur ein liebes Wort, einen freundlichen Blick.

Eine Seele, die friert,
braucht nur eine zärtliche Hand.

Dann wird die Seele warm.

Warum gibt es trotzdem so viele Seelen ,die frieren?

Der Moment der Verzweiflung

Leider passiert es immer wieder,
dass Menschen der Moment der Verzweiflung überkommt.
Auf verschiedenartigste Weise versuchen sie, sich das
Leben zu nehmen.

Wahnsinn pur!

Was haben alle diese Menschen gemeinsam?

Sie alle sind so verzweifelt, dass sie weder ein noch aus
wissen.
Wäre dem nicht so, würden sie es nicht tun.

Sie haben auch keinen Menschen, der sie in ihrer Not
versteht.
Hätten sie einen, würden sie es nicht tun.

Es sind Menschen mit viel Gefühl,
Menschen, die mit anderen mitfühlen können.
Menschen, die sich unheimlich freuen können.
Menschen mit Tiefgang.
Menschen, die das Leid der Welt zu dem ihren machen.
Menschen, die die Harmonie lieben.
Menschen, die alles sehr schwer nehmen.

Es sind aber auch Menschen, die lustig und fröhlich sein
können.
Deshalb merkt oft keiner, wie es um sie steht.

Bei fröhlichen Menschen fragt man weiter nicht nach,
depressive Menschen meidet man.

Der Hilferuf,
manchmal laut, manchmal ganz leise,
wird oft überhört.
Man sagt: Reiß dich zusammen oder Kopf hoch.
Manchmal glaubt man dem anderen auch nicht,
weil die Situation auf einen so ganz anders wirkt,
als er sie beschreibt.
Man kann nicht nachvollziehen, an was oder wie er leidet.

Und dann kommt der Schock!

Nein, wer hätte das gedacht!

Man schüttelt entsetzt den Kopf
und fragt: Wie konnte der oder die so etwas tun?
Wie konnte der oder die uns so etwas antun?
Selbst in seinem Tod ist er noch der Schuldige.

Aber sollten wir nicht viel mehr fragen:
Wie hätten wir das verhindern können?

Sollte es uns nicht lehren, mit offenen Augen durch das
Leben zu gehen.
Wie viele Menschen neben uns leiden an diesen
Verzweiflungsqualen?

Meistens packen sie es auch - irgendwie,

aber dann kommt ein schwarzer Moment,
wirklich oft nur ein Moment,
in dem alles über ihnen zusammenbricht.

Eine Stunde später,
einen Händedruck später,
einen Anruf später,
ein "Ich liebe dich" später
....
es wäre vielleicht nicht geschehen.

Wir sind so viele Menschen auf Gottes Erdboden
und lassen uns doch so alleine.
Wir sehen nichts, wir hören nichts, wir sagen nichts.

Wir lassen uns einfach sterben.

Menschen sterben freiwillig,
weil ihnen der Tod so viel erstrebenswerter scheint als das
Leben.

Viele sind innerlich schon lange gestorben,
leben nur noch, weil sie eine Pflicht zu erfüllen haben.

Wenn die Pflicht jedoch erfüllt ist,
hält sie hier nichts mehr.

Wäre da jedoch ein Händedruck,
ein liebes Wort,
vielleicht das lang ersehnte "Ich liebe dich".........?

Stark sein

Sei stark!
Kämpfe dich durch dieses Leben.
Dieses Leben ist manchmal ein Kampf.

Es gibt so vieles, was dich niederdrücken will
und manchmal bist du auch ganz unten.
Du denkst: Tiefer geht es jetzt nicht mehr!
Du glaubst, nie wieder aus diesem Loch herauszukommen.
Du sitzt da, total in der Depression versunken,
siehst deiner Not ins Auge,
lässt dich von ihr in den Bann ziehen,
wie das Opfer von der Schlange, bevor es von ihr getötet
wird.

Wache auf aus deiner Erstarrung!
Richte deinen Blick auf das Gute in deinem Leben.
Doch! Auch in deinem Leben gibt es etwas, was gut ist.

Sei stark!
Kämpfe dich durch dieses Leben.

Auch heute!

Heute ist ein besonderer Tag.
Denn es ist ein Tag, der nie wiederkehrt.

Heute darfst du leben.
Das Leben ist ein Geschenk.
Heute wirst du gebraucht.
Schicke jemandem einen lieben Gruß.
Da wartet vielleicht schon lange einer auf deinen Anruf.
Frage einfach: „Wie geht es dir?" und höre dann zu!
Genieße das Schöne an diesem Tag!
Die Sonne, die Musik, das frische Brötchen, die selbst
gemachte Marmelade......

Merkst du, wie du aus deiner Erstarrung erwachst?
Spürst du, wie neue Kraft dich durchströmt?

Kraft zum Kämpfen.

Gib nicht auf!
Gib dich nicht auf!
Du bist wichtig und wertvoll!
Und nichts und niemand ist es wert,
dass du dich dafür aufgibst.

Kämpfe,
indem du ja sagst zum Leben und der Liebe.
Lebe du!
Liebe du!

Lass dich nicht gehen,
sonst wirst du untergehen!

Halte den Kopf über Wasser,
auch wenn es manchmal schwer fällt!

Kämpfe und sei stark!
Für dich und für andere.
Und wenn du meinst, es geht gar nicht mehr,
dann schicke ein Gebet zu deinem Schöpfer!
Bitte ihn um eine Extraportion Kraft!
Er wird sie dir nicht verwehren.

Und dann –
sei stark und kämpfe weiter!

So bist Du

Ja, so bist du,
hör ganz einfach einmal zu.

Wirklich, ich frage mich:
Wie wäre die Welt wohl ohne dich?

Sie wäre kälter und auch leerer;
Hoffnung zu finden - es gelänge noch schwerer.
Wärme würde ihr dann fehlen,
Wärme - für erfrierende Seelen.
Menschen wie du, sind wie ein Licht,
wie in Seenot - "Land in Sicht!"
Menschen wie du, mit einem weiten Herzen,
lindern wie Balsam, der anderen Schmerzen.
Du hörst geduldig zu ,
sagst nicht: Lass mich in Ruh!
Trotz eigenem Kummer und Sorgen,
hilfst du anderen vom Heute ins Morgen.
Du gibst von deiner Kraft,
damit der Moment der Verzweiflung den anderen nicht
schafft.

Menschen wie du, das sind Charakterleute,
solche Menschen braucht das Heute.
Aber - sie sind so schrecklich rar,

deshalb ist es einfach wunderbar,
einen solchen Menschen zu kennen
und ihn auch noch Freund zu nennen.

Und worin ich mir ganz sicher bin:
Das Leben solcher Menschen hat tiefen Sinn.
Spuren wird es hinterlassen,
die so schnell nicht mehr verblassen.

Und deinem Schöpfer danke ich,
für einen Menschen, so wie dich.

Licht und Schatten

Licht und Schatten
Hell und Dunkel
Wechselspiel der Natur

Das Eine ohne das Andere gibt es nicht.

Licht und Schatten
Hell und Dunkel
Wechselspiel deiner Seele, deines Charakters, deines Seins.

Keiner ist nur gut
Keiner ist nur schlecht

Freue dich, wenn das Licht in deinem Charakter die
Oberhand gewinnt.
Sei dankbar, wenn du mit deinem Sein Helligkeit verbreiten
kannst.
Es ist ein Stück Erfüllung,
wenn du mit der Wärme deiner Seele frierende Seelen
erwärmen kannst.

Genau das ist es, was du wolltest.

Und wenn du dann in die Situation kommst,
dass ein Mensch dir dankt, weil er durch dich Liebe und
Freundlichkeit erfahren hat,
weil du ihm gute Momente geschenkt hast,
weil du positive Spuren in seinem Leben hinterlassen hast,
dann sei nicht beschämt, sondern freue dich!

Freue dich, weil dein Leben Sinn hat.

Lass nicht zu, dass das Wissen um das Dunkel in Deiner
Seele,
dir die Freude am Licht raubt.
Rede dir nicht ein, dass du die Anerkennung nicht verdient
hast,
weil auch dunkle Seiten in dir zu finden sind.

Licht und Schatten
Hell und Dunkel
ein Wechselspiel auch in deinem Leben.

Das Eine ohne das Andere gibt es nicht.

Und vielleicht ist es die Energie,
die durch deinen Kampf gegen das Dunkel in dir entsteht,
die dich leuchten lässt.
Vielleicht sind es die Reibungen zwischen Licht und
Schatten in deinem Leben,
welche die Wärme in dir erzeugen.

Licht und Wärme,
die du weitergeben kannst
in einer Welt, mit mehr Schatten als Licht.

Licht und Schatten
Hell und Dunkel
ein Wechselspiel bis ans Ende der Zeit.

Das Unverzichtbare

Ruhm, Karriere, Macht und Geld.
Das Unverzichtbare in dieser Welt?

Wie schnell geht das alles dahin?
Verliert an Wert und auch an Sinn!

Das Unverzichtbare in unserem Leben?
Muss es da nicht Höheres geben?

Das Unverzichtbare in unseren Tagen,
ist Hoffnung, Glaube und Liebe in sich zu tragen.

Das Unverzichtbare ist, in Augen zu schauen
und Brücken hin zum Du zu bauen.

Wir können auf alles verzichten, nur darauf nicht,
weil unsere Welt sonst aus den Fugen bricht.

Hände

Hände können schlagen und zerbrechen
Hände können weh tun und sich zu Fäusten ballen

Hände können aber noch viel mehr

Hände können streicheln und trösten
Hände könne halten und wärmen
Hände können Schmerzen lindern
Hände können Vertauen wecken
Hände können Wertachtung vermitteln
Hände können Spannungen lösen

Ein Händedruck kann eine kleine Welt verändern

Hände

arbeitende Hände
helfende Hände
betende Hände

Hände

ein Wunder und zu Wundern fähig

Erwartungen und Enttäuschungen

Du bist ein Mensch voller Erwartungen?
Dann bist du auch ein Mensch voller Enttäuschungen.
Denn nur wer erwartet, kann enttäuscht werden.
Deshalb höre auf zuviel zu erwarten.
Schütze dich selbst vor der Enttäuschung.
Kein anderer kann dich davor bewahren.

Bei alledem werde aber nicht gleichgültig!
Das "Nichtserwarten" und die Gleichgültigkeit
gehen nämlich sehr dicht nebeneinander her.

Denn, wenn die Gleichgültigkeit von dir Besitz ergriffen
hat,
hast du verloren.
Dann ist dein Leben trist und dein Herz hart geworden.

Hättest du jedoch diese Gratwanderung gemeistert,
zwischen - nichts erwarten und gleichgültig sein -,
wärst du ein wahrer Lebenskünstler.

Aber weil du sie meistern willst,
hast du schon etwas erfahren von dieser Freude,
die aus unerwarteten Kleinigkeiten herrühren kann,
dann hast du es gelernt, nicht Großes zu erwarten,
das nicht eintrifft,

sondern dich am Kleinen zu erfreuen.

*Dann weißt du auch, wie sich ein enttäuschtes Herz
anfühlt
und kannst trösten und aufmuntern.
Dann kannst du es vielleicht das eine oder andere Mal
verhindern,
deine Mitmenschen zu enttäuschen.*

*Dann weißt du aber auch,
dass ein Leben ohne Enttäuschungen nicht möglich ist.
Menschen werden sich im Zusammenleben immer wieder
bewusst oder unbewusst enttäuschen.*

Aber - an Enttäuschungen stirbt man nicht!

*Man kann von ihnen lernen.
Sogar an ihnen reifen.
Man kann sich ein Stück weit vor ihnen schützen,
indem man seine Erwartungen der Realität anpasst.*

*Und vergiss nicht –
du befindest dich auf einem Grat.
Verliere nicht das Gleichgewicht!*

Kleine Dinge

Kleine Dinge, oft unbeachtet!
Jedoch sind sie es, die unser Leben reich machen.

Siehst du es denn nicht,
das kleine lindgrüne Blatt,
an dem fast noch kahlen Baum.
Es leuchtet dir entgegen.
Es spricht von der Hoffnung,
die selbst dann noch aufkeimt, wenn alles verloren scheint.
Fühl doch, wie zart es ist,
atme seinen Duft ein!
Du schmeckst etwas von der Würze des Lebens.

Auch deines Lebens!

Da und dort eine bunte Blume.
Ein Farbtupfer auf brauner Erde.
Sie hält die Biene am Leben,
aber auch dich.
Denn sie wächst für dich,
damit dein Auge, dein äußeres und dein inneres,
nicht im Alltagsgrau trübe wird.
Farbe macht froh.
Betrachte sie bewusst
und fülle deine Seele mit dieser bunten Fröhlichkeit.

Aber du musst hinschauen!

*Spürst du den Wind über dein Gesicht und deine Schultern
streichen?*
An einem Sommermorgen,
weich und sanft.
Du glaubst, dass niemand dir Zärtlichkeit schenkt?
Der Wind tut es - mit weicher, sanfter Hand.

Lass es zu, fühle mit deiner Haut!

*Hast du deinen Blick schon einmal in Kinderaugen
versenkt?*
Kinderaugen:
Schön, traurig, rein, ehrlich, tief.
Tu es! Du wirst in ihre Kinderseelen blicken
und die Kraft spüren, die in diesen kleinen Seelen wohnt.
*Es liegen dort Dinge verborgen, die wir "Großen" schon
lange verloren haben.*

*Dort können wir sie wiederfinden, die Echtheit, die
Reinheit, die Liebe.*

Ein gutes Buch,
eine Tasse Kaffee, ein Glas Wein, ein schönes Lied,
*ein warmes Bad, das Gespräch mit einem lieben
Menschen....*
Alltäglichkeiten?

Nein! Das sind Höhepunkte im Alltag.
Dinge, die unser Leben warm und schön machen.

Achte sie, gönne sie dir!

Setze dich unter einen blühenden Baum,
schaue in das Blütenmeer bis hinauf in die Krone.
Und darüber entdeckst du dann den blauen Himmel.
Er lacht dir zu und sagt:
Ja, es gibt dieses helle Blau,
es gibt mehr, als nur dieses schwarze Loch, in dem du
gerade sitzt.

Deshalb: Schau nach oben!

Erinnerungen

Schaffe dir schöne Erinnerungen.
Sie sind kostbarer als Edelsteine
und niemand kann sie dir rauben.

Erinnerungen an gute Menschen.
Erinnerungen an wohltuende Begegnungen.
Erinnerungen an wunderbare Zeiten und Momente.
Erinnerungen an schöne Orte.
Erinnerungen an wertvolle Gespräche.
Erinnerungen an einmalige Ereignisse.
Erinnerungen an erlebtes Glück.

Schaffe sie dir
und wenn möglich, lasse sie dir schenken.

Sei dankbar für diese Erinnerungen.
Achte sie nicht gering
und nicht für selbstverständlich,
denn nichts ist selbstverständlich,
auch schöne Erinnerungen nicht.

Schöne Erinnerungen sind ein Geschenk.
Sie sind ein Licht für die dunklen Stunden deines Lebens.
Sie geben dir Kraft, wenn dich dieselbe verlassen will.
Sie sagen dir, dass dein Leben nicht nur schwer ist,

sondern auch viel Schönes beinhaltet.

Schau doch das Muster deines Lebens an:
Überall sind, Edelsteinen gleich,
glitzernde Erinnerungen eingewoben.

Gib dich diesen Erinnerungen hin.
Freue dich an ihnen.
Lass sie ihre positive Wirkung in deinem Inneren tun.
Sei nicht traurig, dass all diese schönen Dinge vorbei sind,
sondern sei froh darüber, dass sie geschehen sind.

Und höre nicht auf,
dir und deinen Mitmenschen schöne Erinnerungen zu
schaffen.
Erinnerungen, die dir niemand nehmen kann.
Erinnerungen, von denen du leben kannst.

Sehnsucht

Ein Verlangen, ein Wünschen, ein Traum?
Eine Leere in der Seele?

Sehnsucht

Schmerzhaft, tief, unerfüllt,
brennend und dunkel.

Sehnsucht

Ein Sehnen nach Wärme und Liebe,
nach Geborgenheit und Halt.

Sehnsucht

Einer Sucht gleich,
die bindet und gefangen nimmt.

Sehnsucht

Raubt die Freude,
erstickt den Atem und lähmt den Gang.

Sehnsucht

Die Sterne leuchten nicht mehr in den Augen,
die Lippen haben ihr Lied vergessen.

Sehnsucht

Tut so weh,
so unendlich weh!

Sehnsucht

Wenn keiner kommt, der sie stillt,
wird sie nie vergehen.

Sehnsucht

Wer kann sie stillen?
Der Mensch, der dich liebt und versteht.

Sehnsucht

Heißt das Lied meines Lebens.

Trübe Gedanken

Trübe Gedanken
sind wie graue Herbsttage.
Sie bedrücken dein Herz,
sie lassen dich frieren,
sie rauben dir die Ruhe,
sie nehmen dir die Kraft,

Trübe Gedanken
zermürben,
martern,
quälen.

Trübe Gedanken
verändern nichts,
helfen nicht,
tun keinem gut.

Trübe Gedanken
müssen verjagt werden,
wie Krähen, die die gute Saat fressen,
wie Stare im Weinberg, die die süßen Beeren holen,
wie die diebische Elster, die alles Glänzende stiehlt.

Trübe Gedanken
lass sie weiterziehen,

so wie auch die dunklen Wolken am Himmel sich
verziehen.

Die Wolken lassen die Sonne durch.
So lass auch du das Gute in dich hinein.
Und du wirst sehen, es wir wieder hell!

Vergiss das Lachen nicht!

Ja ich weiß -
eigentlich hast du überhaupt nichts zu lachen.
Es geht dir nicht gut, du leidest
und sowieso ist dein Leben nicht so gelaufen,
wie du es dir vorgestellt hast.

Dumm gelaufen,
würde man heutzutage dazu sagen.

Trotzdem
und gerade deshalb –
Vergiss das Lachen nicht!

Lachen ist wichtig.
Lachen ist gesund.
Lachen ist Therapie.
Lachen befreit vom Druck auf deiner Brust.
Lachen macht deinen Kopf wieder frei.
Lachen ist wie das Einatmen guter, reiner Waldluft.
Lachen lässt neue Energie durch deinen Körper fließen.
Lachen reinigt Leib, Seele und Geist.

Auf all das kannst du einfach nicht verzichten.
Auf all das darfst du auch nicht verzichten.

Es wäre ein Verzicht, den du dir selbst auferlegst.
Muss das sein?
Nein, es muss nicht sein!

Trotz aller Trostlosigkeit gibt es auf dieser Welt Dinge,
über die man lachen kann.
Gemeint ist nicht das schadenfrohe Lachen,
sondern das echte, herzliche Lachen.

Da sind Kinder, die munter darauf losplappern
und die lustigsten Dinge erzählen.
Hör ihnen zu – und du kannst lachen!
Da lacht dich ein völlig fremdes Kindergesichtchen an –
schaue hin und lache zurück!

Da sind deine Kollegen im fröhlichen Pausengespräch
beieinander.
Zieh dich nicht zurück, setz dich zu ihnen und lache mit.

Es gibt ganz einfach Menschen,
die es fertig bringen, ein Gespräch mit dir zu führen,
in dessen Verlauf du tatsächlich wieder lachen kannst.
Das sind wunderbare Menschen.
Menschen, für die man Gott nur danken kann.
Umgib dich mit solchen Menschen.
Suche den Kontakt zu ihnen.
Werde du aktiv und warte nicht, bis sie auf dich
zukommen.

Du wirst in all diesen Situationen spüren,
wie dir wieder warm ums Herz wird
und dass doch noch irgendwo ein Licht in deiner
Dunkelheit aufflackert.

Deshalb –
Vergiss das Lachen nicht!

Denn sonst wirst du eine bittere Person.
Dein Mund bekommt diesen unwilligen, bitteren Zug.
Willst du das vielleicht?

Nur das Lachen kann dich davor bewahren.

Bittere Menschen sind wenig attraktiv.
Bittere Menschen meidet man gerne.
Bittere Menschen sind eine Plage für den Geist der
Mitmenschen.
Willst du so sein?
Nein?

Dann vergiss das Lachen nicht!

Die Not wird dadurch nicht verschwinden,
aber sie wird leichter zu tragen sein.
Sie hat dann nicht die Macht, dich bitter zu machen,,
sondern dich positiv zu formen.

Deshalb vergiss das Lachen nicht!

Ich kenne Menschen, die das Lachen vergessen haben.
Ich kenne aber auch solche,
die es trotz allem Schweren nicht verlernt haben.
Diese Menschen haben Ausstrahlung!
Warm, wohltuend, wissend, verstehend.
Diesen Menschen kullert auch mal eine heiße Träne
über ihr, von Sorgen zerfurchtes, Gesicht.
Aber sie sind nicht bitter geworden.
Solche Menschen sind ein Geschenk!

Denn sie haben das Lachen nicht vergessen!

Und wenn es wirklich mal gar nichts zu lachen gibt,
dann lache einfach über dich selbst.
Dafür gibt es immer einen Grund.

Die Begegnung

Plötzlich sitzt dir ein Mensch gegenüber,
ein Mensch der Not leidet,
ein Mensch, der wie du, sich sein Leben ganz anders
vorgestellt hat.
Ein Mensch voller Einsamkeit und Sehnsüchte,
ein Mensch, der weiß, dass er so manches falsch angepackt
hat.
Ein Mensch, der kämpfen will, aber bald keine Kraft mehr
hat.
Dieser Mensch wird dir zufällig in den Weg gestellt.
Wirklich zufällig?
Du bist ihm mit offenem Blick begegnet.
War es das, was ihn ermutigte einem fremden Menschen
seine Not zu erzählen.
Konnte er in deinen Augen Wärme und Verstehen
entdecken.
Es war ja dein Wunsch durch eigene Not nicht bitter,
sondern mitfühlend zu werden.
Du verstehst, wie er sich fühlt.
Du weißt, wie weh ihm ums Herz ist.
Du kannst seinen Schmerz so gut nachempfinden.
Es tut ihm gut, dass du ihm zuhörst.
Wenn du seine Situation auch nicht verändern kannst,
den einen oder anderen kleinen Rat kannst du vielleicht
geben.

Du kannst ihn an deinen Gedanken teilhaben lassen,
die du dir in entsprechenden Situationen gemacht hast.
Du kannst ihm weitergeben, was dir geholfen hat.
Und plötzlich macht dein Leiden Sinn!
Wie hättest du diesen Menschen verstehen können,
ohne selbst zu leiden?
Hätte er sonst den Mut gefunden, sich dir zu öffnen?
Und es ist wie ein Wunder:
Trotz allem Schweren, zieht plötzlich eine tiefe Freude in
dein Herz.
Denn da ist ein Mensch, dem hast du gut getan.
Und du merkst, dass die alte Lebensweisheit,
die dir vor vielen Jahren jemand ins Poesiealbum schrieb
und mit der du als Kind nicht viel anfangen konntest,
Wahrheit ist:
"...trage bei zu andrer Glück,
denn die Freude, die wir geben, kehrt ins eigne Herz
zurück."
Und vielleicht steht dieser Mensch plötzlich ganz
unerwartet vor deiner Tür
und drückt dir mit einem Dank auf den Lippen und vor
allem in den Augen,
ein Sträußchen in die Hand.
Ein Moment – mit Worten nicht zu beschreiben.

Was ist Glück?

Als du jung warst, träumtest du vom großen Glück.
Was das große Glück genau ist, wusstest du nicht.
Du hast es vielleicht in der großen Liebe vermutet.

Als du älter wurdest, merktest du im Laufe der Zeit,
dass es das große Glück nicht gibt.

Jetzt, nach vielen Jahren, in denen du reifer geworden bist,
hast du begriffen, dass das große Glück im Kleinen
verborgen liegt:

In einem reifen Kornfeld im Abendlicht,
in einem Gespräch mit einem Freund, der dich versteht,
in einem Eisbecher, den du mit einem lieben Menschen
genießt,
in deiner Hängematte im Sommerwind,
in dem Lächeln deines Sohnes, der sonst so ernst ist,
im Duft der Rose in deinem Garten,
in dem Glas mit Margariten auf deinem Tisch,
in einer Sonnenblume, die dich anstrahlt,
in einer Tasse Kaffee am Morgen, die du dir noch selber
kochen kannst,
in einem Menschen, der dich zum Lachen bringt,
in einem "Ich denk an dich",
in einem Händedruck.

in einer Umarmung,
in Gott, der dich liebt und dir das alles schenkt.

Das alles ist dein persönliches Glück.
Es gehört dir, keiner kann es dir nehmen.
Auch wenn du das große Glück, von dem du einst
träumtest, nie erlangt hast,
wenn du dich zuweilen auch als unglücklich und vom
Glück verlassen bezeichnest,
so sind doch alle die kleinen Dinge dein Glück.
Erlebe es bewusst, halte es fest, teile es mit anderen,
dann wirst du nie restlos unglücklich sein.

Dann wird dir dieses Glück auch die Kraft geben,
die unglücklichen Tage zu überstehen.

Über meinem Bett

Über meinem Bett
hängt eine Karte.
Eine Weltkarte.
Die Karte meiner kleinen Welt.

Sie war einst gespickt mit Fähnchen.
Fähnchen, welche die Traumziele
meines Lebens markierten,
die Hoffnungshäfen,
die mein Lebensschiff anlaufen sollte.

O ja, manche Häfen hat mein Schiff erreicht!
Da und dort
zeugen verblichene Fähnchen davon.
An anderen Häfen jedoch legte es nie an.
Sie waren geschlossen,
sind verlandet.
Manchmal hat mein Lebensschiff
auch den rechten Kurs verloren
und konnte in so manchen Hafen
nicht mehr einlaufen.
Es fuhr einfach vorbei,
für eine Umkehr war es dann zu spät.

Traurig und mutlos

stehe ich nun vor dieser Karte.
Es fehlt mir sogar die Kraft,
mich meiner Schuhe zu entledigen,
bevor ich auf mein Bett steige,
um die letzten Fähnchen,
der nicht erreichten Hoffnungshäfen zu entfernen.

Doch was ist das ?
Das letzte Fähnchen
ganz oben -
es lässt sich nicht wegnehmen.
Es sitzt ganz fest
und ich merke plötzlich,
dass ich jenes
gar nicht selbst dort hingesteckt habe.
Ein anderer, ein größerer
hat es dort angebracht.

Es heißt:

NOVA ESPERANCA - ETERNA ESPERANCA

Das letzte, das endliche Ziel
meines Lebens.

Und ich spüre,
wie eine Kraft
von diesem Ziel ausgeht.

Wie mein Lebensschiff
von diesem Ziel förmlich angezogen wird.
Dann wird mir klar:
Dieses Ziel werde ich erreichen!
Dafür sorgt der Lotse,
der irgendwann still und sanft
an Bord meines Schiffes gekommen ist.
Er wird mein Schiff
sicher in den wichtigsten aller Häfen leiten.

Dort gehe ich dann an Land
und werde mich fragen,
warum mir alle anderen Häfen
so wichtig erschienen,
wo es doch diesen einzigartigen,
alles übertreffenden Hafen gibt.

Und vor meinem inneren Auge
sehe ich plötzlich viele große und kleine Lebensschiffe,
die aus allen Richtungen
auf diesen Hafen zusteuern.
Sie werden zwischen gefährlichen Klippen hindurch
gelotst.
Sie kommen durch Sturm und Wellen.
Sie kommen mit zerrissenen Segeln
und gebrochenen Masten.
Sie kommen mit großen Lecks,
aber sie kommen.

Und vorne am Bug steht der Lotse
und im Hafen steht der Leuchtturm
mit seiner anziehenden Kraft.

O, ich freue mich
auf alle diese Leute, die mit mir
jenen großen Hafen erreichen
und dieses Paradies mit mir genießen.

Nun ziehe ich getrost meine Schuhe aus,
lege mich auf mein Bett,
verschränke die Arme unter meinem Kopf
und betrachte dieses eine Fähnchen,
das niemand wegnehmen kann,
mit der Gewissheit,
in diesen Hafen, in dem ich erwartet werde, einzulaufen.

NOVA ESPERANCA - ETERNA ESPERANCA

La Esperanca – Die Hoffnung

Hoffnung
ist das, was wir nie aufgeben dürfen

Hoffnung
ist das, was uns am Leben erhält

Hoffnung
lässt uns den Silberstreif am Horizont erkennen

Hoffnung
erhält uns den Glauben an Gott und unsere Mitmenschen

Hoffnung
bewahrt uns vor Verzweiflung

Hoffnung
macht kalte Herzen warm

Hoffnung
muss immer wieder erkämpft werden

Hoffnung
muss mit beiden Händen festgehalten werden

Hoffnung
muss weitergegeben werden
dann
kehrt sie auch immer wieder zu uns zurück

Hoffnung
lässt nicht zu Schanden werden
sagt die Bibel.

Darauf hoffen wir

Esperanca – die Hoffnung

Spaziergang im Garten

Ich ging durch meinen Garten heut
und habe mich dabei gefreut.

Du fragst: Warum?
Komm mit und schau dich um!
Gewiss, er ist nicht groß,
ein paar Ar misst er bloß.
Auch von einem Park ist keine Spur,
er ist einfach nur ein Stück Natur.
Doch vielen Farben gibt er Raum.
Für mich - ein wahrer Frühlingstraum!

Riechst du sie? - Dort hinten,
die blauen Hyazinthen.
Und hier ein Veilchenbeet,
in dessen Mitte eine Osterglocke steht.
Ja, diese Glocken strahlen wie die Sonne,
für meine Augen die reinste Wonne.
An der Mauer die blauen Kissen
und natürlich auch Narzissen.
Und mit klugen Gesichtchen schauen sie dich an,
die Stiefmütterchen vom Beet nebenan.
Gänseblümchen auf der Wiese,
ach wie sehr ich das genieße!

Eben noch war mein Herz schwer und betrübt,
doch jetzt, wo ich sehe wie alles schön blüht,
kehrt neue Freude bei mir ein.
So trostlos kann es auf der Welt doch gar nicht sein!

Und schau, was hier durch die dunkle Erde bricht:
Ein "Tränendes Herz" bahnt sich den Weg ans Licht.
Diese Blume mit Blüten gleich weinenden Herzen,
erinnert mich an Schönheit - gepaart mit Schmerzen.
Sie zeigt mir des Lebens beide Seiten,
die schweren und die guten Zeiten.
Sie zeigt mir, dass ein Herz kämpfen kann.
Nach Kälte und Dunkel fängt sie im Frühling wieder zu
blühen an.

Sie gefällt mir also besonders gut,
denn sie macht mir wieder neuen Mut.
Mut, beherzt durchs Leben zu gehen
und die vielen schönen Dinge zu sehen,
auch wenn ab und zu eine Träne am Herzen klebt.
Ist es nicht ein Zeichen, dass es lebt?

Ja, durch meinen Garten ging ich heut
und habe mich dabei gefreut.
Und manchmal kann schon eine Blume reichen,
damit die Trauergeister weichen.

Hagelschlag

Hagelkörner prasseln erbarmungslos auf deinen Garten.
Hilflos und voll Angst stehst du am Fenster
und siehst deine Blumen sterben, deinen Augenbalsam.
Du spürst selbst den Schmerz
und flehst: Hör doch bitte auf!

Und dann ist es vorbei.
Aber auch mit deiner Blumenpracht ist es vorbei.
Du schiltst dich einen Toren,
denn, so sagst du dir: Es gibt Schlimmeres.
Es gibt Bauern, die ihre Ernte verloren haben.
Ja sicher, aber du bist einfach traurig.

Du schaust sie dir an,
die abgeknickten Stängel ohne Blüten,
die durchlöcherten Blätter.
Öde sieht das aus, trist und bedrückend.

Werden sie je wieder die Kraft haben,
neue Blüten und Blätter zu treiben?
Du nimmst dir vor, dich um sie zu kümmern,
sie trotz ihrer Hässlichkeit zu gießen und zu düngen,
die Erde um sie herum zu lockern......

Und plötzlich -

wird dir ganz eigenartig ums Herz.
Du denkst: Das ist doch wie in meinem Leben.

Die Hagelkörner der bösen, lauten und aggressiven Worte,
sie haben auch dich tief drin zerschlagen.
Blühen wolltest du,
fröhlich wolltest du durchs Leben gehen.
Dann kam der Hagel..........
Er hat auch in dir das Hässliche bloß gelegt.
Er hat dir die Blüten genommen.
Er hat Löcher in dich geschlagen.

Aber deine Wurzel ist heil geblieben.
Dort steckt noch unsagbar viel Kraft.
Da sind Menschen, die dich düngen
mit lieben Worten,
sie lockern die Erde um dich herum
mit ihrer Wertschätzung.
Da sind Aufgaben, die dich anspornen
zu neuem Gedeihen.
Da ist noch Leben in dir,
das gelebt werden will und muss.
Da bist ganz einfach du!
Wenn du auch für kurze Zeit wüst aussahst,
bist du dennoch wertvoll und wirst gebraucht.
Lass dich von der Sonne wärmen,
vom Regen reinigen und tränken.

Und dann blühe wieder!
Blühe für dich und für die Menschen um dich her.

Genau wie deine Blumen im Garten.

Hast du es heute morgen schon entdeckt?
Das neue Blütenblatt an dem abgeknickten Stängel?
Abgeknickter Stängel?
Schau doch, wie er sich stolz und mit neuer Kraft nach
oben gerichtet hat!
Höre hin, was er dir sagt!
Er sagt dir: Straffe deine Schultern, gehe aufrecht!

Dein Garten erwacht zu neuem Leben –
und so auch du!

Ich lasse mich nicht unterkriegen!

Nein,
ich lasse mich nicht unterkriegen.
Von dir nicht und auch von keinem anderen.
Habe ich das denn nötig?
Nein!
Ich bin selbst jemand.
Mein Wert hängt weder von deiner Anerkennung
noch von der eines anderen ab.
Meine Lebensqualität darf nicht davon beeinflusst werden,
ob du oder sonst jemand so denkt, handelt oder fühlt,
wie ich es mir vorstelle.
Das entlastet dich und jeden anderen
und es entlastet mich.
Ich bin wertgeachtet durch meinen Schöpfer.
Er liebt mich so wie ich bin,
mit allen Stärken und Schwächen.
Das genügt, um zu leben.
Durch sein Ja zu mir bin ich und lebe ich.
Jeden Morgen erhalte ich seine Bestätigung aufs Neue.
Das genügt, um zu sein.
Sicher wäre ein gutes Wort aus deinem Munde
oder aus dem Munde eines anderen
eine schöne Dreingabe, an der ich mich erfreuen könnte,
aber ich mache mich nicht mehr davon abhängig.
Ich bin Gottes wertgeachtetes Geschöpf

und lasse mich von keinem unterkriegen!

Auch du bist Gottes wertgeachtetes Geschöpf.
Lass auch du dich von niemandem unterkriegen!
Auch nicht von mir.

Was könnte werden,
wenn du und ich und der andere
uns gegenseitig mit dieser Wertachtung begegnen würden?
Dann müsste keiner mehr sagen:
Ich lasse mich nicht unterkriegen.

Dankbarkeit

Sei dankbar für das, was du jetzt und heute hast.

Deine Sinne
Deine Hände
Deine Augen
Dein Lächeln
Deine Stimme
Dein Auskommen
Deinen kleinen Luxus
Deine Aufgaben
Deine Pflichten
Deine Ideen
Deine Kraft
Deinen Blick für das Schöne
Dein Herz
Deine Begabung
Deinen Humor
Die Menschen um dich her
Die Sonne
Die Natur
Das Brot auf deinem Tisch
....

Sei dankbar für all dies
und schau nicht nach dem, was vermeintlich fehlt.

Diese Haltung raubt dir die Freude und den Dank.
Nimm es nicht als selbstverständlich.
Für Selbstverständlichkeiten dankt man nicht.
Aber gerade der Dank macht unser Leben reich.

Du weißt nicht, wie lange du all das haben kannst,
darum genieße es heute mit Dank in deinem Herzen.
Denn es kommt einer Tragödie gleich,
wenn man erst dann merkt, was man hatte,
wenn es einem genommen wird.

Dankbarkeit – eine Art zu leben!
Dankbarkeit – deine Art zu leben?

Licht

Um zu wachsen,
zu gedeihen,
zu grünen,
zu blühen,

braucht eine Pflanze Licht.

Helles Licht,
warmes Licht,
Sonnenlicht.

Stellt man die Pflanze in eine dunkle Ecke,
wird sie sterben.
Selbst wenn sie gegossen wird,
überlebt sie nicht.
Es fehlt ihr das Leben spendende Licht.

Langsam werden ihre Blätter braun,
fallen eins ums andere zu Boden.
Ohne Klagelaut und ganz sacht.

Und du und ich?

Auch wir können ohne Licht nicht leben.

Ohne das Licht,
das aus freundlichen Augen leuchtet.
Ohne das Licht,
das aus lieben Worten rührt.
Ohne das Licht,
das aus einer Freundschaft strahlt.
Ohne das Licht,
das Herzen, Gedanken und Gefühle erhellt.
Ohne das Licht,
das die Sonne spendet.

Stehst Du in einer dunklen Ecke?
Dann gehe ins Licht!
Wir müssen nicht im Dunkel verharren.
Wir sind nicht hilflos wie eine Pflanze.
Hilflos wie eine Pflanze?
Selbst die Pflanze wehrt sich gegen die Dunkelheit.
Von woher immer ein wenig Licht scheint,
dahin lässt sie ihre Blüten und Blätter wachsen.
Sie streckt sich förmlich nach jedem, noch so kleinen
Lichtstrahl aus.
Denke an die Sonnenblume: Sie dreht ihr Gesicht der Sonne
entgegen.

Sollten wir es ihnen nicht gleich tun?
Gehe hinaus in die Sonne.
Fülle dich mit ihrer Wärme und ihrem Licht.

Gib den hellen Gedanken in deiner Seele Raum.

Suche nach Augen, die strahlen.
Du findest keine?
Dann hast Du dir noch nie die Mühe gemacht,
dich zu bücken und in Kinderaugen zu sehen.
Und glaube mir:
Augen sind ein Spiegel!
Du wirst strahlende Augen entdecken,
wenn Du selbst ein anderes Augenpaar anstrahlst,
das auf der Suche nach leuchtenden Augen ist.

Warte nicht in deiner dunklen Ecke,
bis zufällig jemand kommt,
der den Lichtschalter betätigt
und dir energiesparendes Kunstlicht bietet.

Komm heraus aus der Ecke.
Es gibt so viel Helles, Leuchtendes und Strahlendes.
Lenke dein Augenmerk darauf.
Schule dein Auge,
vom Dunkel weg, auf das Helle zu sehen.

Und -
verbreite selber um dich Licht,
durch ein strahlendes Gesicht,
durch freundliche Worte,
durch.....

Dann wirst du feststellen:

Du stehst mitten im Licht!

Im Licht,
ohne das Leben nicht möglich ist.

Momente

Das Leben besteht aus vielen einzelnen Momenten.

Momente, die schnell vorübergehen.
Momente, die lange andauern.

Momente, die uns glücklich machen.
Momente, die uns traurig stimmen.

Momente, die ein Lachen auf unsere Lippen zaubern.
Momente, die uns zum Weinen bringen.

Momente, die uns zum Zorn reizen.
Momente, die uns zeigen, wie viel Sanftmut in uns wohnt.

Momente, die bestimmt sind von Hass.
Momente, die überfließen vor Liebe.

Momente, die uns das Leben so lebenswert machen.
Momente, die uns den Tod so wünschenswert erscheinen
lassen.

Momente, die geprägt sind von der Depression.
Momente, die uns vor Fröhlichkeit sprühen lassen.

Momente, die uns Glück bedeuten,
Momente, die uns Leid bringen.

Momente........

Die Summe dieser Momente ist unser Leben.

Von allen Momenten ist etwas darin verborgen.

Möge es wenige Momente geben, in denen wir nur auf das
vermeintlich Negative schauen.
Aber sind es nicht oft gerade diese Momente, die unserem
Leben Tiefe und Reife vermitteln?
Doch sie sind es nur dann, wenn wir unseren Blick auch
auf die guten Momente richten, die uns Licht und Wärme
geben.
Tun wir das nicht, werden wir bitter.

Dafür aber sind die Momente unseres Lebens zu kostbar.

Und lasst uns daran denken: Auch das Sterben ist nur ein
Moment,
das Leben danach aber eine Ewigkeit.
Wo wir diese zubringen, entscheiden wir in den Momenten
unseres Lebens.

Deshalb: Lasst uns einen Moment Zeit nehmen für die
Ewigkeit!

Mauern

Warum Menschen Mauern bauen?

Mauern, die die Länder trennen
Und das eigene Land zerteilen
Mauern zwischen Nachbargärten
Und auch in den Menschenherzen

Um zu schützen?
Zu bewahren?
Festzuhalten?
Um zu trennen?

Mauern
Steinig, kalt und hart
Unerbittlich, undurchdringlich

Mauern
Hier sind wir und dort sind sie
Du bist dort und ich bin hier

Warum Menschen Mauern bauen?

Mauern, die den Blick verwehren
In das Land

Und in den Garten
In das Leben
Und das Herz

Eine Antwort fällt nicht leicht

Um zu schützen?
Zu bewahren?
Festzuhalten?
Um zu trennen?

Müssen Mauern wirklich sein?
Kann der Mensch nicht ohne leben?
Müssen manche Mauern fallen?
Sollten manche höher sein?

Gäb's nur Liebe, dann wär Frieden
Keine Mauern müssten sein

Mauern, die die Menschen trennen

Ich bin froh, dass manche fielen
Und in meiner kleinen Welt
Will ich keine neuen bauen
Doch ich weiß, das ist nicht leicht

Ruhe

Endlich
Ruhe
in dem ganzen Getümmel.
Ein Plätzchen im Garten
auf einer Bank.
Umgeben von Palmen und Pinien
mit Blick auf das Meer.

Balsam für das Auge,
Erholung für die unruhige Seele.
Ein besonderes Geschenk,
dies zu erleben.

Freue dich, genieße und
sei dankbar für diesen einmaligen Moment.

Das Heute
ist ein wunderbares Heute.
Es meint es gut mit dir.
Lege deinen Ballast auf dieser Bank ab
und gehe fröhlich und unbeschwert weiter.

Und -

diese Bank muss nicht unbedingt an der Côte d'Azur
stehen.
Sie ist auch am Waldrand mit Blick auf reife Ähren zu
finden.
Oder im Stadtpark vor dem Springbrunnen,
oder...

Wichtig ist nur,
dass du inne hältst,
dir Ruhe gönnst
und deinen Ballast auf der Bank zurück lässt.

Träume

Es liegt in der Natur der Träume, dass sie meist nicht in
Erfüllung gehen.

Geschieht es aber doch einmal,
wird aus dem Traum - Realität.

Die Realität jedoch, verliert das Traumhafte.

Deshalb – freue dich an deinen Träumen.

Das Mädchen in dir

Das Mädchen lebt noch
tief in dir drin.
Es kommt zum Vorschein,
wenn du einmal getrost für kurze Zeit
alle Verantwortung und Pflicht ablegen darfst.
Wenn du für ein paar Stunden
unbeschwert und ausgelassen sein kannst.
Das zeigt dir, dass du immer noch du bist.
Manchmal dachtest du nämlich,
dass das Leben dich so verbogen hat,
dass du eine andere geworden bist.
Nein!
Das Mädchen ist noch da.
Das Mädchen,
mit seinem Frohsinn,
seinem Lachen,
seiner Heiterkeit,
seinen Ideen,
seinem Charme,
seinem Schalk.
Schön zu wissen, dass dem so ist.
Denn das Alltagsleben fordert so manches von dir.
Da ist die Pflichterfüllung,
da sind die Sorgen,

da ist die Arbeit,
da ist die Verantwortung,
da sind die großen und kleinen Kümmernisse,
da sind die Enttäuschungen,
da ist...
Ja, das alles gehört zum Leben.
Zum Leben einer Frau.
All das hat seine Berechtigung.
Ohne vieles von dem möchtest du auch gar nicht sein.
Aber es tut gut zu wissen,
dass auch das Mädchen in dir noch lebt.
Ja, du bist beides,
du bist Mädchen und du bist Frau.
Beides gehört zu dir,
beides macht dein Leben aus.
Vernachlässige keines von beiden,
weder die Frau noch das Mädchen.
Und gib vor allem immer wieder dem Mädchen in dir die
Chance,
dein Frausein attraktiv zu gestalten

Schweigen

Warum kann ich denn nicht schweigen?

Man sagt, Schweigen sei Gold.
Stimmt wahrscheinlich.
Das Schweigen im richtigen Moment.

Stillsein wäre oft die beste Antwort.

Aber da ist es dann wieder:
Dieses Kribbeln in mir drin,
es kriecht in mir hoch,
es gibt mir das Gefühl zu explodieren,
wenn es keinen Ausgang findet.

Und - es findet den Ausgang –
über meine Zunge.
Da sprudeln sie dann heraus,
all die hässlichen Worte,
die ich doch eigentlich gar nicht sagen will.
All die Worte, die dem anderen so weh tun.
All die Worte, mit denen ich mich schuldig mache.
All die Worte, die ich nicht mehr zurückholen kann.

Es spielt dann keine Rolle mehr,

wer im Recht und wer im Unrecht war.
Gesagt ist gesagt.
Auch der Gedanke,
dass mein Schweigen dem anderen das Gefühl geben würde,
im Recht zu sein,
birgt keine Hilfe.
Denn – hat mein Nichtschweigen etwas bewirkt?
Irgend eine Einsicht oder eine Besserung hervorgerufen?
Nein! Es hat alles nur schlimmer gemacht.

Mein Gott, warum kann ich denn nicht schweigen?

Lehre mich schweigen!
Aber nicht dieses bittere Schweigen,
sondern das weise Schweigen.
Das Schweigen im rechten Moment.

Stillsein ist oft die beste Antwort!

Der Kummer einer Mutter

Du hattest hohe Erwartungen an dich.
Eine gute Mutter wolltest du sein.
All die Fehler, die du bei anderen sahst,
wolltest du bei deinen Kindern nicht machen.
All die Verletzungen, die andere ihren Kindern zufügen,
wolltest du vermeiden.
Vielleicht ist dir dies auch ein Stück weit gelungen,
aber sei dir sicher,
dafür hast du anderes falsch gemacht.
Du hast so Manches versäumt,
du hast Wunden geschlagen,
warst ungerecht.
Ungeduld und Zorn haben dein Handeln bestimmt.
Unbedachte Worte kamen über deine Lippen.
Weichen wurden durch dich falsch gestellt,
Möglichkeiten verbaut,
Selbstwert untergraben......

Und dabei wolltest du doch nichts anderes,
als deinen Kindern ein warmes Nest bauen.
Ihnen Wärme und Liebe vermitteln,
mit der sie die Kälte der Welt überstehen können.
Schöne Erinnerungen wolltest du ihnen schaffen
und sie fähig machen für das Leben draußen.

Geborgen sollten sie sich bei dir fühlen.
Ihre Freundin und Beraterin wolltest du sein
und noch viel mehr.

Und nun?
Du blickst zurück auf die Jahre,
die so schnell vergangen sind
und deine Versäumnisse überrollen dich wie Flutwellen.
Es tut dir Leid,
du weinst bittere Tränen
und kannst doch nichts zurückholen von dem,
was schief gelaufen ist.

Aber glaube mir,
es war auch viel Gutes dabei!
Du siehst es nur jetzt nicht,
weil deine Schuldgefühle so übermächtig groß sind.
Was verlangst du eigentlich von dir?
Übermenschliches? Unmögliches?
Bedenke doch,
auch du bist nur ein Mensch.
Ein Mensch mit Schwächen und Fehlern.
Ja, du hast Fehler gemacht,
du wirst auch immer wieder Fehler machen.
Aber – du hast auch geliebt!
Und diese Liebe war nicht vergebens!
Wie heißt es schon in der Bibel:
Der Mensch sieht, was vor Augen ist,

aber Gott sieht das Herz an.
Er sieht in dein Herz.
Er kennt die Motivation deines Herzens.
Er weiß, dass du deine Kinder liebst
und nur das Beste für sie willst.
Sprich mit ihm über dein Versagen.
Bitte ihn auch aus deinen Fehlern noch Gutes zu machen.
Bitte ihn um Vergebung.
Er wird sie dir gewähren
und dir wird leichter ums Herz werden.

Sprich auch mit deinen Kindern
über das, was nicht gut war.
Bitte auch sie um Verzeihung.
Das tut dir keinen Abbruch,
im Gegenteil,
es wird eure Beziehung bereichern.
Dadurch wirst du auch feststellen,
dass manches, was du als schrecklichen Fehler angesehen
hast,
überhaupt nicht den Stellenwert bei deinen Kindern
einnimmt,
den du ihm beigemessen hast.

All das wird dich erleichtern,
du musst dich dann nicht den Rest der Zeit,
der dir mit deinen Kindern bleibt, mit Schuldgefühlen
plagen,

die euch die gemeinsame Zeit verderben,
sondern du kannst frei und unbeschwert
in jeden neuen Tag mit deinen Kindern gehen.

Und irgendwann werden sie dich verstehen.
Und bis dahin, liebe sie einfach weiter
und halte dein Herz für sie offen.
Und sei nicht so unbarmherzig mit dir selbst.

Für Großmütter

Was gehört zu des Lebens besonderen Gaben?
Eine gute Großmutter zu haben!

Was kann man nicht kaufen, bekommt's nur geschenkt?
Eine Großmutter, die an einen denkt!

Was ist ein unermesslicher Segen?
Wenn einen Großmuttergebete umhegen!

Wie das Leben ohne solch eine Großmutter wär?
Darüber nachzudenken fällt mir schwer.

Ich bin einfach froh, dass es sie gibt,
die Großmutter, die so sehr liebt.

Für Männer

Die Blume:
ohne Sonne
blüht sie nicht.

Das Getreide:
ohne Regen
wächst es nicht.

Das Boot:
ohne Wind
segelt es nicht.

Der Bach:
ohne Wasser
fließt er nicht.

Das Leben:
ohne Liebe
gibt's das nicht.

Soweit ist alles klar, oder?
Doch nun:

Dein Auto:
ohne Benzin
fährt es nicht.

Dein Computer:
ohne Software
läuft er nicht

Deine Maschinen:
ohne Wartung
funktionieren sie nicht.

Dein Hobby:
ohne Investition
geht es nicht.

Dein Job:
ohne Einsatz
klappt er nicht.

Dein Garten:
ohne Pflege
gedeiht er nicht.

Deine Ehe:
ohne Zärtlichkeit
überlebt sie nicht.

Wie es ist, einen Menschen zu lieben, der unerreichbar ist?

Einen Menschen zu lieben, der unerreichbar ist,
ist wie eine schmerzende Wunde, die nicht verheilt.
Eine Wunde, die immer wieder aufbricht,
sich von neuem entzündet und sich weiter ins Fleisch
frisst,
bis hin zum Wundbrand.

Einen Menschen zu lieben, der unerreichbar ist,
ist wie Gefangensein hinter dicken Mauern,
in einem Raum ohne Tür.
Es gibt nur ein kleines vergittertes Fenster.
Man kann durch die Gitterstäbe sehen.
Man kann einen Blick auf das Unerreichbare werfen.
Man kann sehen, von was man unwiderruflich getrennt
ist.
Und natürlich schaut man durch dieses Gitter,
auch wenn der Schmerz sich dann ins Unerträgliche
steigert.

Einen Menschen zu lieben, der unerreichbar ist,
ist wie der Traum vom Essen
für einen an Hunger leidenden Menschen.
Er sieht die Köstlichkeiten vor seinem geistigen Auge.

Er schmeckt sie durch das Erinnerungsvermögen seiner
Zunge,
aber er wird nicht satt.

Einen Menschen zu lieben, der unerreichbar ist,
ist wie eine Fata Morgana in der Wüste.
Endlich Wasser, Leben spendendes Wasser.
Mit letzter Kraft schleppt sich der Verdurstende voran,
greift nach der Rettung – dem kühlen Nass.
Aber: So wie er die Hand ausstreckt, um davon zu
schöpfen,
verschwindet es.

Einen Menschen zu lieben, der unerreichbar ist,
ist wie Irregehen im Wattenmeer.
Langsam füllen sich die Priele.
Es ist höchste Zeit zur Umkehr.
Doch plötzlich ist da dieser dicke, undurchdringliche Nebel.
Dieser Nebel verhüllt den Blick auf das rettende Ufer.
Die Flut steigt, die Panik wächst!
Man läuft im Kreis im Wettlauf gegen die Zeit.
Die Flut ist schneller...

Was passiert, wenn
- der Wundbrand das Herz erreicht?
- den Gefangenen niemand befreit?

- der Hungernde ohne Nahrung bleibt?
- dem Dürstenden keiner Wasser reicht?
- den Wanderer die Flut einholt?

Genau dasselbe wie mit dem, der einen Menschen liebt, der
unerreichbar ist.

Denn ebenso wenig, wie sich ein Gefangener selbst befreien
kann,
kann man sich die Liebe zu einem unerreichbaren
Menschen aus dem Herzen reißen.

Liebe ist manchmal oberflächlich und wie ein Strohfeuer-
eben eine Verliebtheit.
Aber die Liebe zu einem Menschen, der unerreichbar ist,
ist echte, tiefe Liebe.
Warum?
Weil man sie sonst, wenn man könnte, einfach aufgeben
würde.
Weil man diese Qualen, die damit verbunden sind,
abschütteln würde.
Aber man kann es nicht, weil man, vielleicht zum
erstenmal, wirklich liebt.
Liebe
zu einem Menschen, der unerreichbar ist.

Die Macht der Gefühle

Da ist ein Mensch.
Vielleicht hast du ihn noch nie gesehen,
vielleicht seid ihr euch schon oft begegnet.

Egal,
denn urplötzlich sind sie da.
Diese Gefühle.
Gefühle für diesen einen Menschen.
Gefühle, die du nie für möglich gehalten hättest.
Gefühle so tief, so unfassbar.

Gefühle,
die dein ganzes bisheriges Leben total auf den Kopf stellen.
Gefühle, die dich aus der Bahn werfen,
der du seither getreulich gefolgt bist.

Das ist die Macht der Gefühle!

Du kannst ja so viel.
Du hast Stärke und Intelligenz.
Aber eins kannst du nicht:
Gegen diese Gefühle ankommen.

Denn -

da ist die Macht der Gefühle.

Diese Macht zeigt dir deine Ohnmacht.

Du hast dein Leben ausgerichtet nach den Regeln der
Moral.
Du hattest immer klare Wertvorstellungen.
Was ist aus ihnen geworden -

im Angesicht der Macht der Gefühle?

Versuchs doch!
Kämpfe gegen sie an, reiße sie aus deinem Herzen!
Du schaffst es nicht!

Die Macht der Gefühle

wird es aber schaffen, dein Herz zu zerreißen.

Ja, wärest du frei,
könntest du dich diesen einzigartigen, wunderbaren
Gefühlen hingeben.
Du könntest sie auskosten und genießen und dabei
glücklich sein.

Aber du bist nicht frei.
Du bist gebunden.
Darauf aber nehmen die Gefühle keine Rücksicht.

Gefühle kommen einfach über dich.
Ob gebunden oder frei.
Die Gefühle fragen nicht.

Sie sind plötzlich da.
Bittersüß.
Schmerzhaftschön.

Du möchtest sie nicht missen.
Aber sie zerreißen dein Herz.
Sie bringen dir neuen Glanz in dein Dasein,
aber sie betrüben auch dein Gewissen.

Du willst ohne sie nicht mehr leben,
meinst aber, du müsstest an ihnen sterben.

Dein Verstand lehnt sich gegen sie auf,
dein Herz gibt ihnen nach.

Was sind schon Vorsätze
im Kampf gegen
die Macht der Gefühle?

Nicht du hast die Macht über die Gefühle,
die Gefühle haben die Macht über dich.

Du denkst, dass keiner dich versteht
in deinem Kampf mit den Gefühlen?

Oh doch, es gibt jemand, der dich versteht,
der genau weiß, wie du dich fühlst.

Dennoch darfst du diesen Gefühlen nicht nachgeben.
Es würde alles zerstört, was dir bislang teuer und wert
war.

Und wenn dich dann die Gefühle so plötzlich verlassen,
wie sie über dich gekommen sind?
Das kannst du dir nicht vorstellen?

Nein, jetzt noch nicht, aber später.
Später, wenn der Kampf vorbei ist
Und du dankbar bist, dass Gott ihn für dich ausgefochten
hat.

Häuserfronten einer Altstadt

Dicht zusammengedrängt stehen sie da
- die Altstadthäuser.

Schön anzusehen
mit ihren schiefen Giebeln,
den winzigen Fenstern,
den krummen Mauern,
den farbigen Fassaden.
den eisenbeschlagenen Türen
und schmiedeisernen Schlössern.

So stehen sie da,
eng aneinandergeschmiegt,
zum Teil schon seit Jahrhunderten
und geben ihrer Stadt dieses schöne Gesicht.

Staunend steht der Betrachter davor.
Er bewundert Schönheit und Charakter,
hat Ehrfurcht vor der Beständigkeit.
Und wenn er Zeit hat, bemerkt er,
dass diese Häuserfronten etwas erzählen.

Sie erzählen ihm,
wie sie sich bei Regen und Sturm

gegenseitig Halt gegeben haben.
Wie sie das Donnern, Blitzen und Hageln
gemeinsam ertragen haben.
In der Hitze haben sie einander Kühle gespendet,
bei klirrendem Frost sich aneinander gewärmt.
Bei Hochwasser haben sie gemeinsam Stand gehalten,
den Unbilden der Zeit, Mauer an Mauer getrotzt
und ihr Leid geteilt.
Man hat sie verletzt, sie geschändet und missachtet,
hat ihnen von innen und außen Schaden zugefügt.

Aber - zusammen haben sie alles getragen.
Gemeinsam haben sie ausgehalten.
So wurden sie für Wert erachtet, erhalten zu werden.

Und sollte einmal eine Feuersbrunst über sie hereinbrechen,
selbst dann werden sie einander nicht im Stich lassen.
Gemeinsam,
Wand an Wand,
Ziegel an Ziegel,
Tür an Tür,
werden sie diesen letzten Weg miteinander gehen.

Wie die Häuserfronten einer Altstadt -
so sollten unsere Freundschaften und Beziehungen sein.

Gedanken am Wegesrand

Mit meinem Rad fuhr ich am Wald entlang,
lauschte dem vielstimmigen Vogelgesang.
Ringsum - Frieden und Stille.
Eine wahrhaft wohlige Idylle.
Neben mir plätscherte ein Bächlein daher.
Da dachte ich: "Ach, wenn mein Leben wie dies Bächlein
wär".

Ruhig und friedlich,
so sanft und so lieblich
windet's sich sacht
durch die bunte Wiesenpracht.
An seinem Rand blühen Nelken,
rosarot - ohne zu welken.
Es fließt so leise, ohne Rast,
doch spürt man nichts von einer Hast.
Es spendet angenehme Kühle
in der heißen Sommerschwüle.
Und das in aller Ruhe,
ohne lärmendes Getue.

Ja, so fließt es dahin.

Wehmut erfüllte meinen Sinn.

Denn ich wünschte mir sehr,
dass mein Leben wie dieses Bächlein wär.
Nein, so wird es wohl niemals sein.
Mein Leben gleicht eher dem grünen Inn,
mit vielen großen Steinen darin.
Auch hier gibt es ruhige Stellen,
doch ebenso gefährliche Schnellen.
Strudel, Wellen und Gischt,
alles ist darin gut gemischt.
Das Wasser ist kalt
und macht vor gar nichts Halt.
Setzt in den Bergen die Schmelze ein,
kann der Fluss kurz vor dem Überlauf sein.
Toben und Sausen,
Sprudeln und Brausen,
kennzeichnet den Fluss,
mit dem ich mein Leben vergleichen muss.

Doch nun Halt!

Schau ich zurück in den Wald,
zu dem lieblichen Bächlein hin,
was seh ich da mitten drin?
Schmutzig der Schlamm,
wo das Bächlein nur langsam rann.
Alte Äste – modrig und dick,
stören unter anderem meinen Blick.

Mit seiner kleinen Kraft,
hat das Bächlein die Reinigung nicht geschafft.
Und unten am Fluss?

Kühl ich vom Wandern den müden Fuß.
Dabei greif ich mit der Hand ins Wasser rein
und hol mir einen Kieselstein.
Es ist ein Stein so schön, so glatt,
weil ihn die Strömung geschliffen hat.
Er hat keine Kanten und keine Ecken,
ihn will ich mir in die Tasche stecken.
Denn er hat mir etwas zu sagen:
Man kann auch Wildwasser gut ertragen!
Gewinnt dadurch Gestalt und Form,
jedoch nicht nach einer Einheitsnorm.
Und dieses Wasser ist frisch und klar,
erneuert sich von Jahr zu Jahr.
Achtung! Man kann zwar darin versinken,
aber auch genüsslich davon trinken,
denn Unrat und Schmutz werden weggespült,
sind gänzlich meinem Blick verhüllt.
Das verdankt man dieser Kraft,
die Unnützes einfach weggeschafft.
Es gibt nichts Trübes und nichts Seichtes,
dafür aber auch nichts Leichtes.

Ist es nicht gut, wenn das Leben wie Wildwasser ist,
das mit kräftiger Strömung dem Meer zufließt?

Was nun? Bächlein oder Fluss?
Welche Bilanz zieh ich zum Schluss?

Jedes Gewässer hat seinen Sinn.
In jedem liegt etwas Gutes drin.

Wie viel kann ein Herz ertragen?

Wie viel kann ein Herz ertragen?
Ist es müßig, dies zu fragen?
Sicher - denn man weiß es nicht.
Es erträgt halt bis es bricht.

Ja, man spürt die argen Schmerzen,
ganz tief drin im wunden Herzen.

Manchmal ist es schwer wie Blei,
und man wünscht man wäre frei.
Frei von diesem schweren Pochen,
doch dann wär es schon gebrochen.

Nein, so einfach geht es nicht,
Lange dauert's bis es bricht.
Lange muss man sie ertragen,
diese wundersamen Plagen.

Oft denkt man, es geht nicht mehr.
Doch da täuscht man sich dann sehr.
Stark ist dieses weiche Herz
stärker als so mancher Schmerz.

Hart ist es in Sachen Nehmen, voll von ungestilltem Sehne

Auch der Kälte hält es stand
und der bösen Worte Brand.

Ja, dies Herz so schwer getroffen,
hält doch fest an stillem Hoffen.

Hoffen will es jeden Tag,
hoffen bis zum letzten Schlag.

.

Dadurch wird es groß und weit,
für die Nöte dieser Zeit.

Für den Kummer andrer Herzen,
deren Nöte, deren Schmerzen.

Nur ein Herz, das selber leidet,
weiß, was andern Not bereitet.

Und manchmal – habe acht!
Schleicht ganz leise und ganz sacht,
in das Herz ein Fünklein Licht.
Bittet: Überseh mich nicht!

Ja ,viel ist's, was ein Herz kann tragen,
will es oftmals auch verzagen.
Und glaub nur nicht,
dass ein Herz so schnell zerbricht.

Zu spät!

Es gibt ein Zuspät!

Da kommen die gut gemeinten Worte nicht mehr an.

Das Ohr des andern hört nicht mehr.
Es hat zu lange auf schöne, liebevolle Worte gewartet.
Es hat bei all den lauten und lieblosen Worten den Hörsinn
verloren.

Alle Anstrengungen, etwas Gutes zu tun, sind vergeblich.

Der Glaube an das Gutgemeinte ist zerbrochen.
Er wurde durch Härte zerstört.

Die Hand, die streicheln möchte, wird nicht mehr als
zärtlich empfunden.

Die Seele und die Haut haben zu lange die
Streicheleinheiten entbehrt.
Sie sind abgestumpft.

Es gibt ein Zuspät –
jetzt schon - nicht erst am Grab.
Nimm dir das zu Herzen!
Jetzt – nicht erst wenn es zu spät ist.

Verlorenes Herz

Was man besitzt,
kann man verlieren.
Vor allem ein Herz.
Manch einer wähnt sich seines Besitzes sicher
und geht gedankenlos damit um.
Aber gerade ein Herz kann man leicht verlieren.
Ein Herz möchte immer wieder aufs Neue umworben
werden,
so, als besäße man es noch nicht.
Ein Herz ist zerbrechliches Gut,
feiner noch als hauchdünnes Glas.
Wird es durch Unachtsamkeit zerbrochen,
hat man es verloren.
Wenn es seine Weichheit in Härte verwandelt,
um gegen Schmerzen immun zu sein,
hat man es verloren
Wird es in den Staub getreten,
hat man es verloren.
Wenn es dann ein anderer findet,
es aufhebt und vom Staub befreit?
Darum muss man auf das Herz achten,
das man vermeintlich besitzt.
Es kann verloren gehen!
Und das tut weh,

dem Herzen
und dem, dem es einst geschenkt wurde.
Ein Herz ist bereit, sich wieder zu schenken,
wenn es Achtung und Liebe spürt
und das, solange bis es aufhört zu schlagen.
Dann ist es endgültig verloren.
Man sollte prüfen,
ob man das Herz, dessen man sich so sicher ist, noch
besitzt,
denn ein Herz macht keinen Lärm, wenn es verloren geht.
Ein Herz – der wertvollste Besitz
sollte gut gehütet werden.

Gefühle wollen leben!

Wenn die Gefühle sterben,
sterben sie nicht klaglos.
Sie wehren sich gegen den Tod.
Sie kämpfen gegen das Sterben an,
bäumen sich auf,
lassen nichts unversucht.
Sie winden sich in Todesnot.
Sie liegen gekrümmt am Boden,
lassen aber das Leben nicht aus der Hand.
Sie versuchen die Tritte abzufangen,
ringen nach Atem, wenn sie erstickt werden sollen.
Sie sterben nur langsam
und deshalb qualvoll.

Gefühle möchten so gerne leben,
geben wir ihnen nicht den Todesstoß!

Der Sinn des Leides

Es ist sinnlos,
nach dem Sinn des Leides zu fragen.
Leid kann man nicht verstehen.
Leid lässt sich nicht erklären.
Leid ist Bestandteil unseres Lebens.
Es gibt keine Antwort auf das "Warum".
Ich kann und muss das Leid auch nicht verstehen,
weder mein eigenes noch das des anderen.
Aber ich kann den anderen verstehen, der leidet,
wenn ich selbst Gleiches leide oder erlitten habe.
Und nur dann kann ich vielleicht helfend raten.
Ansonsten ist es besser, wenn ich meine wohlgemeinten
Ratschläge zurückhalte.
Mein Arm, meine Schulter, meine Hand sind dann eher
gefragt
als mein Mund.

Es lohnt sich nur eine Frage:
„Wie gehe ich mit dem Leid in meinem Leben um?"
Raubt es mir den Grund, um morgens aufzustehen?
Oder wende ich mich an einen, der selbst unsäglich gelitten
hat?
Zu Unrecht geplagt und geschlagen wurde,
unschuldig zum Tode verurteilt wurde und grausam starb.

An einen, der weiß, was Leiden heißt
und der dieses Leid freiwillig auf sich genommen hat,
weil er dich und mich liebt,
weil er dich und mich in unserem Leid verstehen will.
Das Leid wird da sein, der Schmerz wird bleiben,
aber wir sind damit nicht alleine gelassen,
wenn wir uns an jenen wenden.
Wir werden die Kraft zum Aushalten und Weitermachen
bekommen.
Wir werden wieder einen Sinn finden, um morgens
aufzustehen.

Wenden wir uns an jenen, der uns verspricht,
dass alles Leid ein Ende haben wird und dass er alle
Tränen abwischen wird.

Er weiß, was bittere Tränen sind.
Er hat sie selbst geweint.
Mit uns, um uns.

Leid macht keinen Sinn.
Aber es macht Sinn,
sich im Leid an den zu wenden,
der für uns gelitten hat:

Jesus

Man hat dir weh getan

Und jetzt?
Bist du verletzt?

Und nun?
Was wirst du tun?

Lass dich fragen:

Willst du klagen?
Willst du jammern
oder klammern?

Klar bin ich jetzt
furchtbar verletzt.

Und frage nun:
Was soll ich tun?

Im Moment werde ich mich grämen,
meiner Tränen mich nicht schämen.

Kann's denn anders sein?
Ich bin doch nicht aus Stein!

Es lässt sich nicht vermeiden,
ich werd jetzt einfach leiden.

Keiner kann den Schmerz mir lindern
oder Traurigkeit verhindern.

Doch zur Schau will ich's nicht tragen,
will nicht klagen,
will nicht jammern
auch nicht klammern.

Und dann,
bald – irgendwann,
straff ich erneut den Rücken.
Ich lass mich nicht davon erdrücken.

Der Frühling ist auch für dich

Öffne die Augen und du wirst sehn,
diese Welt ist wirklich schön.

Überall die schönen Bäume.
Einzig - diese Blütenträume.

Rot die Tulpen, blau die Kissen,
möchtest du das je vermissen?

Schau dir mal das Rapsfeld an,
gelb, soweit man sehen kann.

Da die Wiesen, wie sie blühn!
Und das Gras in hellem Grün.

Berauschend ist die Frühlingsluft,
atme tief den süßen Duft.

Hörst du wie die Vögel singen?
Frohsinn wollen sie dir bringen.

Schaue, atme, höre hin!
Deine Seele, tief da drin,
wird dir sicher dankbar sein,

denn sie kann sich wieder freun.

Freuen, grad an diesem Leben,
das der Schöpfer ihr gegeben.
Es ist nicht alles kalt und tot.
Nein! Der richtige Blick tut Not!

Deshalb:
Öffne Augen, Nase, Herz und Ohr,
schon kommt alles nicht mehr so trist dir vor.

Lass den Frühling in dich ein.
Er lässt dich wieder fröhlich sein.

Er zaubert ein Lächeln auf deinen Mund,
dazu gibt er dir viel Grund.

Der Frühling ist auch für dich,
der Frühling ist auch für mich.

Lass ihn uns bewusst erleben!
Zu unserer Freude hat der Schöpfer ihn gegeben.

Es ist Rosenzeit

Überall blühen nun die Rosen.
Nennt man die Rose nicht die Königin unter den Blumen?

Sie ist auch wirklich bezaubernd
in ihrer Schönheit, ihrer Vielfalt, ihrem Duft.

Du findest sie zur Rosenzeit überall.

Nicht nur in gepflegten Parks,
sondern auch
am Wegesrand,
im hinfälligen Vorgarten eines schon lange unbewohnten
Hauses,
an Hauswänden emporrankend,
alte, verrostete Tore einrahmend.

Ja, die Tore ,
die Tore mit den Rosenranken
haben ihren eigenen Reiz.

Zur Rosenzeit sind sie besonders schön.
Sind sie auch alt und sitzen schief in ihren Angeln,
sind sie auch verschlossen und verwittert,
so erhalten sie durch die Rosen

ein verträumtes, märchenhaftes Aussehen.

In der Rosenzeit
bekommt auch ein Tor,
das den Zugang verwehrt
ein einladendes Aussehen.

Gehe staunend und bewundernd
durch diese herrliche Rosenzeit.
Öffne deine Sinne weit für die Farben, die Formen und den
Duft.
Lass dich ein wenig betören
beim Riechen und Betrachten.
Öffne deine, in dir verschlossenen Tore, für die Schönheit

der Rosenzeit.

Und lass auch in deinem Leben
immer wieder die Rosen blühen.

Die Rosen der Freundlichkeit und der Liebe.
Die Rosen der Hilfsbereitschaft.
Die Rosen des Lächelns und des Zeithabens.
Die Rosen der Freundschaft
Die Rosen....

Es ist Rosenzeit!

La Rose – Die Rose

Die Rose

Farbe und Duft
Schönheit und Eleganz
Stolz und Anmut
Würde und Charakter

Die Rose

Augenweide
Wohlgeruch
Seelenbalsam

Die Rose

Geschenk des Schöpfers an dich und mich

Die Rose

Eine Anfrage an den Betrachter:
Was strahlt er aus?
Farbe durch seine Fröhlichkeit?
Schönheit seines Charakters?
Charme und Geist?

Achtung vor dem anderen?
Freundlichkeit und Wärme?

Die Rose

Ein Vorbild
Auch im Verblühen ist sie noch schön.
Selbst das einzelne Blütenblatt,
das am Boden liegt,
gibt noch Zartheit, Duft und Farbe weiter.

Die Rose

Ein Symbol
der wahren Liebe.
Zerstört man sie,
erfährt man einen tiefen, stechenden Schmerz.

La Rose – Die Rose

Kletterrose

Glaubst du, nur du denkst es dir schön,
als Kletterrose an sonnenwarmer Mauer zu stehn?
Nein, das ist weit gefehlt,
das wünschen sich noch mehr auf dieser Welt!

Ranken, die sich nach oben recken
und sich nicht tief im Staub verstecken.
Triebe, die in die Höhe streben,
sich nicht mit weniger zufrieden geben.

Ja, die Kletterrose wächst hin zum Licht,
zur Sonne dreht sie ihr Gesicht.

Blüten, so voll und doch so zart,
ein Kunstwerk wird hier offenbart.

Sie verströmt betörenden Duft,
in der lauen Sommerabendluft.

Eine Kletterrose möchte man sein!
So stark und doch so fein,
so stolz und doch so rein.
So über allem stehen,

doch mit Wurzeln, die tief in die Erde gehen.

Ja, eine Kletterrose möchte man sein
und die Welt mit Schönheit und Duft erfreu'n.

Doch – muss man dazu wirklich eine Kletterrose sein?
Kann das nur sie allein?

Können wir mit unserem Leben
andern nicht auch Freude geben?

Können wir mit unserem Lachen
nicht vielleicht ein Licht entfachen?

Können wir mit einem Wort
nicht auch helfen hier und dort?

Können wir mit unseren Händen
nicht auch manchmal Zartheit spenden?

Doch, so glaub es mir,
genau das können wir!

Wir müssen keine Kletterrose sein,
um einander zu erfreu'n.

Und –
auch wir können uns nach oben strecken,

um Licht und Liebe zu entdecken.

Auch wir brauchen uns in unserem Leben,
nicht mit weniger zufrieden zu geben.

Auch wir können tief verwurzelt sein,
im Glauben an Gott und seine Hilfe allein.

Die Kletterrose und wir sind von Gott erdacht.
Gutes hat er da hervorgebracht!

Du bist du und ich bin ich,
das ist gut, ich freue mich.
Zur Freude hat er uns einander gegeben,
so wollen wir als du und ich und als Kletterrose leben.

Stark und doch fein,
stolz und doch rein

...

Die Zärtlichkeit des Sommerwindes

Die Zärtlichkeit des Sommerwindes,
ist wie die Liebkosung eines Kindes.
Sacht streicht er über Beine, Arme und Gesicht,
an Sanftheit fehlt es nicht.

Lass es einfach geschehen,
lass den Wind über deinen Körper wehen.
Du wirst spüren wie gut es tut,
wie plötzlich alles in dir ruht.

Genieße ganz unbeschwert,
die Zärtlichkeit, die der Wind dir beschert.
Gib dich ihm hin,
er raubt dir weder Verstand noch Sinn.
Er ist dir nah und so vertraut,
fühle ihn mit deiner Haut.

Der Sommerwind in deinem Haar,
ach, es ist so wunderbar.
Lass dich gerne von ihm verwöhnen
und erneut mit dem Leben versöhnen.

Gott, der Schöpfer des Windes,

kennt die Sehnsucht seines Kindes.

Der Maler

Ein Maler ging durch unser Land,
trug einen Pinsel in der Hand.
Sah die Welt als Leinwand an,
auf der er herrlich malen kann.
Wir haben ihn erst nicht beachtet,
doch dann erstaunt sein Werk betrachtet.
Es leuchtet hier, es leuchtet dort,
der Maler war an jedem Ort.
Er zeichnete in warmen Tönen,
nahm von den Farben nur die schönen.
Er hat mit Gelb das Braun gemischt,
mit Rot dann über Grün gewischt.
Ocker, Orange und Karmesin,
golden leuchtet's mittendrin.
Komposition aus Farbe und Licht,
zaubert Freude in jedes Gesicht.
So fröhlich, warm und bunt,
tut Maler Herbst uns seine Werke kund.
Der Herbst mit seiner großen Kunst
wirbt damit um unsere Gunst.
Herbst heißt nicht nur nass und kalt,
sondern: Bunt erstrahlt der Wald!
Herbst bringt nicht nur Nebelschwaden.

Im Leuchten können unsere Sinne baden.
Sein Schöpfer hat ihn uns geschickt,
damit das Grau nicht so bedrückt.
Der Herbst malt über Nacht
ein Bild – es heißt: Die Farbenpracht!

Die Wanderung

Du schaust aus dem Fenster in die Natur,
vom Blau und der Sonne fehlt jede Spur.
Du siehst nur den Nebel, den Regen der fällt,
grau und verhangen erscheint dir die Welt.

Doch nun heißt es wandern,
mit all jenen andern.
Man kuschelt sich schnell in Pullis und Jacken,
zieht Hüte und Mützen tief in den Nacken.

Mystischer Nebel liegt über den Feldern,
dunkel und klitschig der Weg in den Wäldern.
Steinig und steil, bergauf und bergab.
Doch jeder hält durch, keiner macht schlapp.

Denn plötzlich steht einer beim Wege am Rand,
ein Fläschchen, ganz flach, in seiner Hand.
„Du frierst? Ist dir kalt?
Dann mach doch mal Halt!
Nimm einen Schluck", lächelt er heiter,
dann geht's erwärmt und fröhlich gleich weiter.

Einer beschirmt, der andre hilft tragen.
Jener hört zu bei all deinen Fragen.

Und siehst du da die weisenden Pfeile?
Damit du nicht irrst in all deiner Eile.
So geht es dann vorwärts, Stück für Stück
und plötzlich staunst du über dein Glück.
Denn gerade bei feuchtkaltem Wetter
ist doch alles viel schöner, wird netter,
wenn man so miteinander geht
und sich helfend zur Seite steht.

Nun freust du dich auch über Nebelschwaden,
möchtest sogar im Bergsee baden.
Staunst über Regentropfen im Gras,
die aussehen, wie Kristalle aus Glas.
Reißen dann noch die Wolken entzwei
und geben dir kurze Blicke frei
auf die Schönheit rings um dich her,
genießt du das alles umso mehr.

Und dann - das Sitzen im warmen Saal,
bei einem guten gemeinsamen Mahl!
Eng, Rücken an Rücken.
Kann dich etwas noch mehr beglücken?
Es dampfen die Schuhe und auch das Essen.
Beim roten Wein ist jede Mühe vergessen.
Du schaust in lauter zufriedene Gesichter
und denkst dabei an strahlende Lichter.

Plötzlich aber wirst du ganz still, denn es geht dir auf:

Ja, genauso ist es mit des Lebens Lauf.

Oft schon blicktest du durch dessen Fenster,
sahst nur Regen und des Nebels Gespenster.
Vor dir der Weg so dunkel und schwer,
alles scheint steinig, du fürchtest dich sehr.

Doch schau, da sind sie, die andern!
Die, die auch mit dir wandern.
Dich schützen, dir helfen beim Tragen.
Du musst dich ja gar nicht alleine plagen.

Und dann – oft ganz leise,
bekommt man kleine Beweise
des Hellen mitten im Dunkeln,
wo Tränen Kristallen gleich funkeln.
Wo sich selbst darin Schönheit zeigt,
dass ein Ast sich zur Erde neigt.
Selbst Weiches kann auf Hartem sein,
wie grünes Moos auf einem Stein.
Wie ein Baum, der auf Felsen wurzelt,
ohne Angst, dass er vom selben purzelt.

Und reißen dann die Wolken auf,
bekommt man einen Blick darauf,
was an Schönem verborgen liegt
und am Ende auch obsiegt!

Wenn wir dann mit den Freunden am Tische sitzen,
wo die Augen vor Freude blitzen,
sind wir dankbar, den Weg gegangen zu sein.
Er war gut – und wir waren nie allein.

Schneeflocken

leicht
weich
leise
verträumt
tänzelnd

schweben sie zur Erde

Schneeflocken

umhüllen das Grau für kurze Zeit
mit ihrem strahlenden Weiß

Schneeflocken

leicht
weich
leise
verträumt
tänzelnd

schweben sie zur Erde

Könnte mein Leben wie eine Schneeflocke sein

leicht
weich
leise
verträumt
tänzelnd

so denke ich
- manchmal -
wenn ich die Schneeflocken beobachte
mit verträumtem Blick

Doch -
die Schneeflocke zergeht
manchmal schon bevor sie den Boden berührt
Sie deckt das Grau nur zu
Von kurzer Dauer ist ihre Pracht
Sie hinterlässt keine Spuren

Das Leben ist nicht

Leichtigkeit
Weichheit
Träumerei
Tanz

Das Leben ist mehr

Mein Leben soll nicht nur dahin schweben

Es soll Graues nicht nur für kurze Zeit zudecken
Leichtigkeit hinterlässt keine Spuren
Das Schwere gibt uns das Gewicht Spuren zu hinterlassen

Ich wünsche mir
dass mein Leben da und dort winzige gute Spuren
hinterlassen kann

Ich freue mich an den Schneeflocken

leicht
weich
leise
verträumt
tänzelnd

schweben sie zu Erde

Sie schenken mir Träume
um mich dann wieder der Realität stellen zu können

Winter ist wie ein...

Märchen
Schneekristalle funkeln wie Edelsteine in Tausendundeiner
Nacht

Zauber
Bäume, die zuvor ihre leeren Zweige zum Himmel reckten,
tragen plötzlich weiße Mäntel

Traum
Ruhig, sanft und hell erscheint dir mit einem Mal die ganze
Welt

Lichter in der Weihnachtszeit

In der Weihnachtszeit,
leuchten weit und breit,
Lichter und auch Kerzen,
erfreuen Augen und die Herzen.

In der Weihnachtszeit,
wird die Dunkelheit
durch das Licht erhellt,
das man in Fenster stellt.

Ja, die Dunkelheit
macht sich besonders breit,
in der Weihnachtszeit,
in den Menschenherzen,
voller Gram und Schmerzen.
Doch das Kerzenlicht,
das erhellt sie nicht.
Kann die Not nicht lindern
und das Leid nicht hindern.

Trotz heller Lichter,
traurige Gesichter,
in der Weihnachtszeit,
auf die man sich so freut.

Die Lichter, die nun brennen,
lassen uns erkennen,
Sehnsucht nach dem Licht,
das die Lebensnacht durchbricht.

Aber dieses Licht
geben tausend Kerzen nicht.

Dieses Licht kommt nur von jenem,
nach dem sich im Grunde alle sehnen,
weil er das Licht des Lebens ist,
Gottes Sohn – Jesus Christ.

Drum macht euch bereit
in dieser Weihnachtszeit
für das wahre Licht,
das mit dem Dunkel bricht.

Es will euren Weg erhellen
und sich euren Nöten stellen.
Es will mit euch gehen,
ihr könnt dann besser sehen,
tappt nicht mehr in der Dunkelheit
und das nicht nur in der Weihnachtszeit.
Dieses Licht verspricht,
es verlässt euch nicht.

Und so bekommen weit und breit,
die Lichter in der Weihnachtszeit,
ihren wahrhaft guten Sinn,
denn sie weisen uns auf Jesus hin.
Und mit diesem Wissen im Herzen,
erfreuen uns die vielen Kerzen.

Jahreswende

365 Tage gehen zu Ende.
Wieder stehen wir an einer Jahreswende.
Schon oft haben wir das erlebt,
ganz leise hat dabei unser Herz gebebt:
Was wird es uns bringen, das neue Jahr?
Wird es schlechter oder besser, als das alte es war?

Doch schauen wir zuerst zurück,
auf 365 Tage erlebte Last, erlebtes Glück.

Es gab so manches, das war schwer.
Manchmal litten wir auch sehr.
Es lief nicht immer so, wie wir es wollten,
es gab Menschen, denen wir und die uns grollten.
Da gab es Fehler, die wir machten
und Entscheidungen, die wir nicht recht bedachten.
Es gab so manche schlimme Sachen,
wir gäben viel, könnten wir sie ungeschehen machen.
Wir glaubten manchmal, das Maß sei voll,
die Welt spiele verrückt und alle wären toll.

Ja, es stimmt, so ist es gewesen,
doch im Rückblick, können wir noch viel mehr aus diesem
Jahr lesen.

Wir haben es immer wieder geschafft.
Von irgendwo her kam neue Kraft.
Und vergessen wir es nicht,
da gab es Stunden voll Sonne und Licht.
Wir konnten Wunderbares sehen
und an der Seite von Freunden gehen.
Und was ist mit den Dingen, die für uns so
selbstverständlich sind,
von denen keiner recht Notiz mehr nimmt?
Haben wir es schon vergessen?
Täglich haben wir uns satt gegessen.
Denken wir daran,
dass ständig sauberes Wasser aus den Hähnen rann?
Und was ist mit unserem Geld?
Es gibt wahrlich Ärmere auf dieser Welt.
Somit wird uns wieder deutlich und klar,
es lag viel Gutes in diesem Jahr.

Und schon für die Tatsache allein,
dass wir diese Jahreswende erleben, sollten wir dankbar
sein.

Also lassen wir zurück, was uns beschwert.
Sich darüber zu grämen, hat keinen Wert.
Es ist geschehen, es ist vorbei,
wir können nur hoffen, dass manches uns eine Lehre sei.

Legen wir alle Lasten und unser Versagen ab,

bei dem, der für uns sein Leben gab.
Er hat uns auch dieses Jahr gegeben,
er gab uns die Kraft und die Voraussetzung zum Leben.
365 Tage hat er uns geschenkt!
Nur schade, dass kaum einer das bedenkt.

365 Tage gehen zu Ende.
Wieder stehen wir an einer Jahreswende.
Lassen wir das vergangene Jahr mit Dank zurück
und richten auf das neue unseren Blick.

Keiner weiß, was es bringen mag,
so nehmen wir es Tag um Tag.
Und wollen einfach dankbar sein,
für jedes Glück und sei es noch so klein.

Und wir sollten uns nicht scheuen,
werden es auch nicht bereuen,
den um Hilfe zu bitten im neuen Jahr,
dessen Worte ehrlich sind und wahr.

Er, Jesus, hat versprochen
und noch nie sein Wort gebrochen,
dass er keinen alleine lässt,
der sich ganz auf ihn verlässt.

Wir stehen an der Jahreswende.
Ein Kapitel unseres Lebens mit 365 Seiten geht zu Ende.

Wir stehen an der Jahreswende,
für das Neue öffnen wir Augen, Herz und Hände.

Das Buch des neuen Jahres

Hardcover oder Paperback?
Recyclingpapier oder schönes weißes mit Wasserzeichen?
Je nach Geschmack oder finanzieller Situation
Bescheidenheit oder Prestige
Eigentlich egal
Auf den Inhalt kommt es an

Je nach Jahr sind es 365 oder 366 Seiten
Nicht mehr
Nicht weniger
Da gibt es nichts zu rütteln
Kein Blatt kann hinzugefügt werden
Keines herausgerissen
Keines neu geschrieben werden

Das Buch des neuen Jahres
Eine in sich abgeschlossenen Fortsetzungsgeschichte
Eine Fortsetzungsgeschichte mit vielen Bänden
Wie viele Bände?
Das kann man vorher nicht wissen
Die Anzahl wird von den Lebensjahren der Hauptperson
bestimmt

Die Hauptperson?

Bin ich, bist du sind wir

Der Autor?
Ich und du und viele andere

Das ist das Interessante, das Schöne und auch das
Schwierige an diesem Buch
Viele Autoren schreiben mit
Jeder in seiner Handschrift
Jeder in seinem Stil
Freundlich, liebevoll
Hartherzig, gemein
Mitleiderregend, ohnmächtig,
Wütend, rücksichtslos
Egoistisch
Helfend, poetisch
Weise
Trist, farbenfroh
Lustig, ernst
Hingebungsvoll, oberflächlich,
Theatralisch, dramatisch
Einfach, verständlich
...

Nur begrenzt haben wir Einfluss
Wer außer uns
Und auf welche Weise
In unser Lebensbuch schreibt

Die Schreiber schreiben oft ungefragt
Auch die Tinte suchen sie sich selber aus
Die Tinte des Herzblutes
Die Tränentinte
Die giftgrüne Tinte
Die himmelblaue Tinte

....

Aber wir können jeden Tag eine Seite umblättern
Und wir können jeden Tag den Schreiber der größten
Geschichte bitten
Mitzuschreiben
Zu korrigieren
Unverständliches verständlich zu machen
Schwere Kapitel zu ertragen
Leichtfertige Kapitel nicht zu wiederholen
Schönes dick zu unterstreichen
Unter manches einen Haken zu setzen
Verzierungen anzubringen

Er, Gott, will
Dass es ein gutes Buch wird
Unser Buch
Einzigartig
Eine unverkäufliche Einzelausgabe

Und wenn wir ihn
Den einzigen, der es nicht ungebeten tut

Mitschreiben lassen
Wird, egal, was das einzelne Jahresbuch beinhaltet
Unsere Fortsetzungsgeschichte mit einem Happyend
schließen.
Denn dann schreibt er unsere Namen in sein Buch
In das Buch des Lebens

Abschied

Abschied nehmen -
von Menschen, die uns lieb geworden sind,
die eine kurze Zeit des Lebens mit uns gegangen sind,
von Menschen, die uns das Leben lebenswert gemacht
haben,
die uns mit Wärme, Liebe und Humor begegnet sind.
Abschied nehmen von Menschen,
mit denen man herzlich lachen konnte
und die man von Herzen gern hat.
Abschied nehmen von Menschen,
die Spuren in unserem Leben hinterlassen haben
und für die wir hoffentlich auch eine Bereicherung waren,

das ist schwer,
das tut weh.

Aber –
diesem Abschied
ging die Begegnung voraus.

Möchten wir je wieder auf diese Begegnung verzichten?
Nein!
Denn diese Begegnung
trug zu den glücklichen Momenten unseres Lebens bei,

schuf in uns schöne Erinnerungen,
war maßgebend für positive Veränderungen.

Abschied,
der weh tut,
resultiert also aus Glück.
Aus Glück,
das uns keiner mehr nehmen kann.

Deshalb –
wenn auch beim Abschied Tränen fließen,
sollen es vor allem Tränen der Dankbarkeit und der
erlebten Freude sein.
In ihnen können wir dann die Tränen des Schmerzes
ertränken.

Abschied,
der weh tut, sagt:
Was war – war gut.